Michael Reisinger

Analyse und Vergleich gegenwärtig am Markt befindlicher analy.
für KMU´s

Michael Reisinger

Analyse und Vergleich gegenwärtig am Markt befindlicher analytischer Informationssysteme für KMU's

GRIN Verlag

Bibliografische Information der Deutschen Nationalbibliothek: Die Deutsche Bibliothek
verzeichnet diese Publikation in der Deutschen Nationalbibliografie; detaillierte bibliografische Daten sind im Internet über http://dnb.d-nb.de/ abrufbar.

1. Auflage 2011
Copyright © 2011 GRIN Verlag GmbH
http://www.grin.com
Druck und Bindung: Books on Demand GmbH, Norderstedt Germany
ISBN 978-3-656-14932-3

BACHELORARBEIT

im Studiengang Wirtschaftsinformatik

Analyse und Vergleich gegenwärtig am Markt befindlicher analytischer Informationssysteme für KMU's

ausgeführt von Michael Reisinger

Wien, 17.08.2011

FACHHOCHSCHULE
TECHNIKUM WIEN

Kurzfassung

Zunehmender Wettbewerb, Kundenorientierung und Globalisierung erzwingen eine Optimierung der Unternehmensprozesse. Ein Weg dies zu verwirklichen ist mit Hilfe analytischer Informationssysteme. Im ersten Teil dieser Arbeit wird der theoretische Hintergrund essentieller Begriffe hinterleuchtet und ein Überblick über die BI-Strategie und die BI-Organisation gegeben. Im zweiten Teil werden wichtige Werkzeuge der analytischen Informationssysteme durchleuchtet und näher erläutert. Danach werden diese Systeme anhand ausgewählter Kriterien miteinander verglichen und aus dem daraus resultierenden Ergebnis eine Empfehlung für KMU´s abgegeben.

Schlagwörter: Analytische Informationssysteme, Business Intelligence, Data Warehouse, OLAP, Data Mining

3

Abstract

Increasing competition, customer orientation and globalization call for effective business processes. The first part of this thesis gives an overview of analytic information systems, together with the theoretical background of this concept itself. The second part of this thesis shows a market analysis of selected systems. Based on this a comparison of the shown systems will be performed. In a final step a suggestion for small and medium-sized companies will be pronounced.

Keywords: Analytic Information system, Business Intelligence, Data Warehouse, OLAP, Data Mining

Inhaltsverzeichnis

1 Einleitung

Die vorliegende Arbeit befasst sich mit dem Thema "analytische Informationssysteme" und zwar in erster Linie mit der Analyse und dem Vergleich solcher AIS für KMU´s.

1.1 Motivation

Schon seit einigen Jahren sind Themen rund um AIS und Business Intelligence für viele große Unternehmen ein wichtiger Bestandteil einer erfolgreichen Unternehmensführung. Jedoch sind im Gegenzug dazu bei den meisten KMU´s diese Begriffe noch kein Thema oder stecken noch in den Startlöchern.

Hierzu ist es wichtig aufzuzeigen, was sich hinter diesen Begriffen verbirgt und welche AIS für KMU´s sich auf dem Markt befinden und auch für das jeweilige Unternehmen relevant sind.

1.2 Problemstellung

Heutzutage gibt es eine nahezu unüberschaubare Anzahl an AIS, welche eine Vielzahl von Vor- und Nachteilen mit sich bringen. Für viele Unternehmen ist es aber nun nicht einfach ein vorgefertigtes System zu finden, welches den Ansprüchen des eigenen Unternehmens entspricht. Zusätzlich muss beachtet werden, dass sich nicht das Unternehmen an das AIS anpasst sondern genau umgekehrt. In dieser Arbeit wird durch den Vergleich ausgewählter AIS diesen Problemen entgegengegangen.

1.3 Ziele und Nicht-Ziele der Arbeit

Ziele dieser Arbeit sind die Durchführung einer Analyse der gegenwärtig am Markt befindlichen AIS, sowie ein kollektiver Vergleich dieser Systeme.

Nicht aufgezeigt werden in dieser Arbeit jegliche Analysen von AIS für Großunternehmen sowie Prozessdarstellungen ausgewählter Unternehmen.

1.4 Aufbau und Methodik

Zu Beginn der Arbeit wird mittels Literaturrecherche die theoretische Thematik rund um die essentiellen und davon abgeleitete Begriffe aufgearbeitet. Anschließend wird veranschaulicht wie Unternehmen eine Strategie für die Einführung eines AIS aufbauen können und welche Aufgaben eine BI-Organisation mit sich bringt. Darauf aufbauend wird ein Vergleich ausgewählter AIS für KMU´s anhand vordefinierter Kriterien durchgeführt. Zum Abschluss wird aufgezeigt wie Unternehmen auf Basis der dargebotenen Kriterien und Methoden eine Entscheidung betreffend der Auswahl des AIS treffen können.

2 Begriffsdefinitionen

In der heutigen Zeit sind AIS ein weitverbreiteter und bekannter Ausdruck. Um diesen Ausdruck jedoch genauer betrachten und verstehen zu können, müssen zuerst andere Begriffe genauer erörtert werden, auf welche die Thematik dieses Begriffes aufbaut. In diesem Kapitel werden für diese Arbeit essentielle Begriffe definiert und näher erläutert. Um ein AIS richtig auszuwählen und einschätzen zu können müssen diese Begriffe beleuchtet werden, um mit den besten Voraussetzungen an die Auswahl eines Systems heranzugehen.

2.1 Information

Der Begriff Information wird in den unterschiedlichsten Wissenschaften, wie z.b. Informatik, Philosophie, Nachrichtentechnik, etc., differenziert verwendet und kann daher auch nur sehr schwer abgegrenzt werden. In dieser Arbeit wird Information aus dem Blickwinkel der Informatik betrachtet.

Unzählige Experten haben bereits, meist erfolglos, versucht den Begriff Information exakt zu definieren. Jedoch wurde zumindest eine Erkenntnis aus den vielen Definitionsversuchen ersichtlich. Informationen sind semantisch und kontextuell zusammenhängende Daten die wiederum, miteinander verknüpft, in Wissen münden (vgl. Abb. 1).

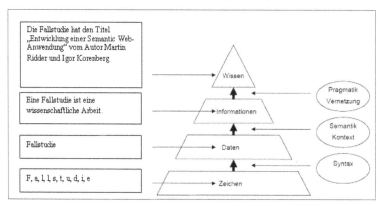

Abbildung 1: Beispiel Wissenspyramide nach Bodendorf (vgl. Bodendorf 2008)

Aus der Abbildung 1 wird ersichtlich das der Begriff Information eng mit den Begriffen Zeichen, Daten und Wissen verknüpft ist. Wissen entsteht aus vernetzten Informationen, Informationen entstehen aus semantisch verknüpften Daten und diese Daten bestehen wiederum aus syntaktisch angeordneten Zeichen.

2.2 Informationssystem

Wie bei dem Begriff Information, gibt es bei dem Begriff Informationssystem ebenfalls unterschiedliche Anschauungen aus verschiedenen wissenschaftlichen Betrachtungswinkeln. Aus diesem Grund wird in dieser Arbeit eine Definition aus dem Bereich der Wirtschaftsinformatik herangezogen. Danach ist ein Informationssystem laut Rechenberg, Pomberger (2003 zit. nach Heinrich 2002) *„ein Mensch/Aufgabe/Technik-System zum Beschaffen, Herstellen, Bevorraten und Verwenden von Information, kurz ein System zur Informationsproduktion und Kommunikation für die Deckung von Informationsnachfrage."*

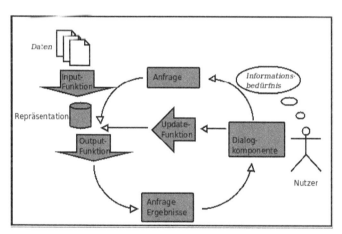

Abbildung 2: Modell eines Informationssystems (vgl. Herta 2009)

2.3 Analytische Informationssysteme

AIS zeichnen sich im Gegensatz zu anderen Informationssystemen dadurch aus, dass sie in den meisten Fällen bei planerischen Aufgaben des Managements eingesetzt werden. Per Definition können unter AIS sämtliche Formen der elektronischen Unterstützung von Entscheidungsprozessen des Managements verstanden werden (vgl. Abts, Mülder 2009, S.240). Strikt erforderlich ist jedoch eine Abgrenzung von operativen Informationssystemen, welche als Datenlieferanten für AIS betrachtet werden.

2.4 Business Intelligence

Genau so wie bei den vorhergegangenen Begriffen gibt es auch bei dem Wortgebilde Business Intelligence keine allgemein anerkannte Definition. Dennoch gibt es kaum einen

Terminus aus dem Bereich der Informationstechnologie der in letzter Zeit häufiger beansprucht wurde.
Experten sind sich aber einig, dass sich hinter BI eine begriffliche Klammer verbirgt, die eine Vielzahl unterschiedlicher Ansätze zur Analyse geschäftsrelevanter Daten zu bündeln versucht.

In einigen literarischen Werken wird behauptet, dass die Begriffe AIS und BI gleichgestellt werden können, jedoch gibt es andere Personen und Gruppen, die sich mehr oder weniger einig sind, BI weitläufiger als AIS zu betrachten zu müssen. Andere Experten behaupten wiederum das Gegenteil, nämlich dass der Begriff AIS in einem ausgedehnten Umfang angesehen werden muss. Für eine vereinfachte Lesbarkeit dieses Dokumentes werden die Begriffe AIS und BI gleichgestellt.

3 AIS im Unternehmen – Entwicklung einer BI-Strategie

Viele Unternehmen, unabhängig von Mitarbeiteranzahl und Wirtschaftskraft, glauben, auf eine sogenannte BI-Strategie verzichten zu können, da doch bereits eine ausführliche Unternehmens- und/oder IT-Strategie besteht. Jedoch ist aus einigen Praxisbeispielen bekannt, dass immer wieder Problemstellungen auftreten können, die eine strukturierte BI-Strategie unumgänglich machen. Daher wird hier auch ausdrücklich empfohlen eine auf das Unternehmen zugeschnittene Strategie zu entwickeln und dieser nachzugehen.

3.1 Anzeichen für die Unumgänglichkeit einer BI-Stratogle

Im Folgenden werden einige Punkte aufgeführt, die ein ausdrucksvolles Indiz für den Bedarf einer BI-Strategie sein können (vgl. Chamoni 2010, S.38f):

- Unterschiedliche Berichte aus unterschiedlichen Quellen versorgen das Management;
- Thematisch annähernd identische oder gleichlautende Kennzahlen haben unterschiedliche Inhalte und weichen voneinander ab;
- Benutzer bewerten Datenqualität der BI-Systeme als unzureichend;
- Mehrere unterschiedliche Informationssysteme im Unternehmen erheben den Anspruch, den Status eines Data Warehouse zu besitzen;
- Infrastruktur für neue AIS ist unklar;
- Aus historischen Gründen gibt es verschiedene Werkzeuge für Analyse und Reporting mit ähnlichen Funktionen und unterschiedlichen Verantwortlichen;
- Es sind nur wenige Personen vorhanden, die über das nötige Know-how für die Benutzung und Weiterentwicklung der BI-Systeme verfügen;
- Es erfolgt wenig bis keine Kommunikation zwischen den Know-how-Trägern;
- Technologische Verbesserungsvorschläge der Benutzer waren bis jetzt nicht erwünscht;
- Langsame oder kontinuierlich länger andauernde Umsetzungen neuer Anforderungen in bereits existierenden BI-Systemen.

Bei Zutreffen mehrerer Punkte in einem Unternehmen, ist die Entwicklung einer BI-Strategie dringend zu empfohlen.

3.2 Phasen der BI-Strategie

In der Welt von AIS und BI gibt es eine Vielfalt verschiedenster Angehensweisen von BI-Strategien. Ob in Aspekte, Komponenten oder Phasen unterteilt, der Grundgedanke bleibt

immer gleich. In dieser Arbeit wird die Gliederung nach Phasen in Anlehnung an Becker (2011) erläutert.

3.2.1 Bestandsaufnahme

Die Bestandsaufnahme dient zur überblicksmäßigen Informationsgewinnung über die Informationslandschaft. Folgende Ziele sind dabei zu verfolgen, um ein einwandfreies Optimierungspotenzial freizulegen:

- Bessere Ausrichtung der Berichte an den Zielen Ihres Unternehmens
- Bessere Informationsversorgung der Entscheidungsträger
- Einheitliches Verständnis über die Kennzahlen schaffen
- Aufbau einor Kennzahlenblbliothek
- Dokumentation des Berichtswesens

Folgende Situationen können zusätzlich zu individuellen Anforderungen führen:

- Aufbau einer neuen Business Intelligence - Lösung
- Neues Berichtswesen bei bestehenden Architekturen
- Performancesteigerung der Auswertungen

Um individuelle Anforderungen besser spezifizieren zu können, ist es hilfreich Informationen zu Zielen, bestehenden Berichten, Berichtsquellen, Organisationsstruktur und bestehenden Data Warehouse - Strukturen zu eruieren und zu dokumentieren.

3.2.2 IST – Analyse

Die Ist-Analyse ist die Grundlage zur Optimierung. Hier werden vorrangig Know-how-Träger der Informationsversorgung interviewt, um Informationsnutzung und Informationsquellen eindeutig zu identifizieren. Zusätzlich wird eine Analyse der bestehenden Hardware und Infrastruktur in Bezug auf gespeicherte Daten und deren Verwendung durchgeführt, um das gesamte Potential in diesem Gesichtspunkt ausschöpfen zu können. Essentielle Berichte für das Management werden durch eigens entwickelte Modellierungswerkzeuge dargestellt und für spätere Analysen und mögliche Verbesserungen aufbereitet. Die erzielten Erkenntnisse aus den Interviews, der Hardwareanalyse und dem analysierten Berichtswesen werden dann genutzt, um potentielle Schwachstellen und Chancen zu identifizieren und auszumerzen bzw. zu nutzen. Die gewonnenen Daten werden dann für ein SOLL - Konzept weiter aufbereitet.

3.2.3 SOLL – Konzept

Aus den resultierenden Daten der Ist-Analyse ist nun die Entwicklung eines zukunftsweisenden Konzepts durchführbar. Wiederum werden Interviews gehalten, diesmal jedoch mit den Entscheidungsträgern des Unternehmens. Diese werden ihre Erfahrungen

mit den bis jetzt gebräuchlichen Berichten bereitstellen. Danach werden eventuelle Verbesserungen und mögliche neue Berichte diskutiert. Dazu werden alle bestehenden Kennzahlen analysiert und möglicherweise fehlende Kennzahlen vorgeschlagen. Zusätzlich wird ein möglicher Engpass in Hardware und Infrastruktur diskutiert und eine Lösung dafür konzipiert. Die wahrscheinlich wichtigste Entscheidung ist aber jene bezüglich des in Zukunft verwendeten BI-Werkzeuges bzw. der verwendeten Software. Beispiele dafür werden in Punkt 5 weiter behandelt.

Sind diese Entscheidungen alle getroffen und das Zukunftskonzept beschlossen, steht der Umsetzungsphase nichts mehr im Weg.

3.2.4 Umsetzung

In dieser Phase werden die aus dem Soll-Konzept gewonnenen Erkenntnisse gemäß der technischen Implementierung realisiert. Ferner muss allerdings auch gewährleistet werden, dass alle relevanten Mitarbeiter auf die für sie wesentlichen Daten zugreifen und diese auch korrekt deuten können. Dieser Aspekt darf auf keinen Fall unterschätzt werden, da eine Änderung des Systems oder des Ablaufes im Arbeitsalltag der Mitarbeiter zu erheblichen Problemen führen kann. Zum Entgegenwirken solcher Probleme ist es hilfreich ein ausführliches Schulungsprogramm durchzuführen, welches Verwendung und Nutzen des neuen Systems sowie die grundlegenden Konzepte dahinter den Mitarbeitern näher bringt.

3.2.5 Fortlaufendes Berichtswesenmanagement

Die Planung, Konzeption und Umsetzung einer BI-Strategie sind nicht alles um einen kontinuierlichen Mehrwert für das Unternehmen zu gewährleisten. Es ist unerlässlich das Berichtswesen in Folge der Umsetzung eines AIS auch in Zukunft zu pflegen. Hierzu gibt es eine Vielzahl von Werkzeugen auf dem Markt auf die im Punkt 5 weiter eingegangen wird.

3.2.6 Tipps für erfolgreiche BI-Strategie

Im Folgenden werden hilfreiche Hinweise dargestellt, deren Beachtung und Befolgung sehr positive Einflüsse auf eine BI-Strategie haben kann (vgl. Chamoni 2010, S.57):

*   BI-Strategie klar aus der Unternehmensstrategie ableiten
*   Durchgängige Priorisierung aller Anforderungen
*   Qualitative Definition des Nutzens jeder Information
*   Übersicht der Ist-Kosten für BI
*   Schaffen einer Betreiberorganisation (BI-Organisation)
*   Einigung auf ein Software-Portfolio
*   Outsourcing von BI-Aktivitäten ist letzter Ausweg

4 BI-Organisation - Aufgaben

Für viele KMU´s stellt sich die Frage, ob für ein erfolgreiches Einführen eines AIS zwingend eine eigenständige BI-Organisation von Nöten ist. Diese Frage lässt sich mit einem klaren Nein beantworten. In einem gut strukturierten Unternehmen können organisatorische Änderungen problemlos von Statten gehen. Theoretisch. Praktisch ist es jedoch in den meisten Unternehmen der Fall, dass eine eigens kreierte Organisationseinheit die Herausforderungen einer Etablierung neuer AIS einfacher umsetzen kann. Eines lässt sich aber auf jeden Fall behaupten: Je größer das Unternehmen desto eher erfordert es einer BI-Organisation.

Die in der Abbildung 3 dargestellten Aufgaben einer BI-Organisation werden in den Punkten 4.1 – 4.4 näher erläutert (vgl. Chamoni 2010, S.85ff).

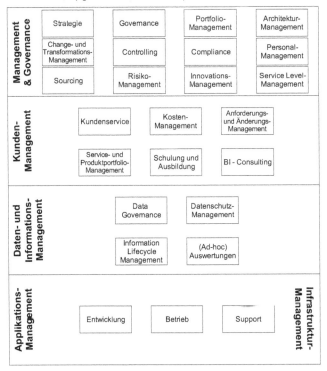

Abbildung 3: Aufgaben einer BI-Organisation (mod. nach Chamoni 2010)

4.1 Management und Governance

Dieser Part einer BI-Organisation befasst sich mit Aufgabe, Planung, Steuerung und Kontrolle der Organisation selbst. Das BI-Management bildet sozusagen die Führung der Organisation und ist somit für die Entwicklung der BI-Strategie, deren Umsetzung, sowie dem Personalmanagement und der Überwachung zukünftiger Ereignisse rund um das Thema BI im Unternehmen verantwortlich. Die BI-Governance wiederum behandelt Themen wie Gestaltung der Prozesse, die organisatorische Einbindung sowie die Priorisierung und Steuerung des AIS selbst. Außerdem gibt sie unternehmensweite Richtlinien vor, welche eine konsequente Ausrichtung der BI an der Unternehmensstrategie sicherzustellen versucht.

4.2 Kundenmanagement

Dieser Aufgabenbereich stellt die Schnittstelle zwischen der BI-Organisation und den internen bzw. eventuellen externen Nutzern des AIS dar. Hier werden alle neu entwickelten sowie bereits bestehenden BI-Lösungen betreut und die damit in Beziehung stehenden Prozesse gestaltet. Auch das Kostenmanagement (Budgetierung und Leistungsverrechnung der beanspruchten BI-Services) und die Ausbildung und Schulung von Nutzern liegen im Bereich des Kundenmanagements.

4.3 Daten- und Informationsmanagement

Das Daten- und Informationsmanagement verantwortet welche Daten in welcher Form, Quantität und Qualität zu welchem Zeitpunkt für wen und mit welcher Funktionalität bereitzustellen sind und wie das entsprechende AIS umzusetzen ist. Es werden Architekturen und Werkzeuge sowie Richtlinien und Rahmenbedingungen vorgegeben, um den Prozess von der Datenintegration über Informationsverdichtung und Datenbereitstellung bis zur Archivierung der Daten sicherzustellen.

4.4 Applikations- und Infrastrukturmanagement

In diesem Cluster sammeln sich die primär technologischen Aufgaben der BI-Organisation. Er schließt Planung, Entwicklung, Implementierung, Betrieb, Wartung und Support der Systeme und Infrastruktur ein. In manchen Unternehmen ist es auch gängig einzelne Teile dieses Spektrums auf andere, BI-ferne Abteilungen oder gar externe Dienstleister auszulagern.

5 Technologien und Werkzeuge

Neueinsteiger in die Welt von AIS und BI werden von einer schier unermesslich großen Welle an Systemen und Werkzeugen regelrecht erschlagen. Um die Überschaubarkeit dieser Arbeit zu erhalten werden die aus der Historie bedeutendsten Technologien und Werkzeuge näher erläutert und miteinander verglichen. Die wichtigsten Vertreter sind:

- Data Warehouse - Systeme
- On-Line Analytical Processing (OLAP)
- Data Mining
- Corporate Performance Management (CPM)

In der folgenden Abbildung werden die erwähnten Werkzeuge bezüglich ihrer Eingliederung in der Informatin Value Chain dargestellt.

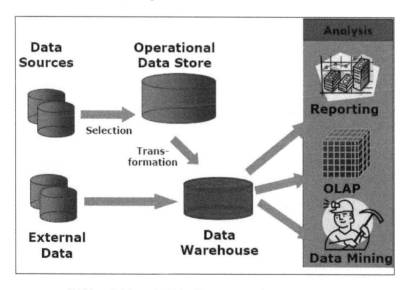

Abbildung 4: Information Value Chain (mod. nach Meyer 2011, S. 3)

5.1 Data Warehouse – Systeme

Der als Vater des Data Warehousing geltende Bill Inmon definiert ein Data Warehouse folgendermaßen (Inmon 1996, S. 33): „A data warehouse is a subject-oriented, integrated,

time-variant, non-volatile collection of data in support of management's decision-making process. "

Diese Definition kann wie folgt gedeutet werden:

- **Subject-oriented**: Die Daten werden nach übergeordneten Gesichtspunkten, z. B. Kunden-, Produkt- und Zeitstruktur, abgelegt. Aus dieser Themenorientierung kann der Informationsbedarf für strategische Abfragen und Analysen zur Unterstützung von geschäftsrelevanten Entscheidungen abgeleitet werden.

- **Integrated**: Da die Daten oft aus verschiedensten Quellsystemen bezogen werden, muss durch Struktur- und Formvereinheitlichung eine konsistente und einheitliche Datenbasis geschaffen werden.

- **Time-variant**: Nachhaltige Beobachtungen über Veränderungen und Entwicklung der Daten werden durch eine langfristige Speicherung der Daten (fünf bis zehn Jahre) ermöglicht.

- **Non-volatile**: Um Berichte und Analysen jederzeit reproduzieren und nachvollziehen zu können, ist es notwendig, übernommene Daten nur zu ändern, wenn bei der Datenübernahme aus dem Quellsystem Fehler aufgetreten sind. In diesem Punkt ist es auch wichtig, Daten nicht aus dem DWH zu löschen, sondern sie stetig, ihrem Zeitverlauf entsprechend, auszulagern.

5.1.1 Der ETL - Prozess im DWH

Der Begriff ETL verdankt seine Bezeichnung aus den drei Teilprozessen „Extract", „Transform" und „Load". Der Prozess ist für eine ständige Aktualisierung der Daten im DWH verantwortlich. Bei der Implementierung eines qualitativ hochwertigen DWH ist die Erstellung dieses Prozesses oft der aufwendigste Part.

Extract

In diesem Teilprozess werden alle benötigten Daten vorselektiert. Es ist wichtig in großem Umfang Heterogenität walten zu lassen, da die Daten aus den verschiedensten Quellsystemen stammen. Um die Selektion vereinfachen zu können, ist es notwendig ein geeignetes ETL-Tool einzusetzen, welches die Daten aus den unterschiedlichen Datenbanken und Textdateien automatisch extrahiert.

Transform

Dieser Teilprozess birgt die zentrale Funktion des ETL – Prozesses in sich. Hier werden die aus dem Extract – Prozess bereitgestellten Daten an die Zielvorgaben angepasst. Die Transformationsschritte beinhalten i. A. syntaktische (z.B. Anpassung von Datentypen) und semantische (z.B. Umrechnung von Maßeinheiten, Ausschluss von doppelten Datensätzen) Transformationen.

Load

In diesem letzten Schritt werden die selektierten und überprüften Daten in die Datenbank des DWH integriert. Zusätzlich müssen die darauf aufbauenden Applikationen aktualisiert werden.

Während des Ladevorganges ist es für Benutzer meist nicht möglich auf das DWH oder darauf aufbauende Programme zuzugreifen. Daher ist es zweckmäßig den ETL – Prozess so kurz wie möglich zu halten und den Ladevorgang, wenn möglich, in einem sinnvollen Zeitfenster, meistens nachts, durchzuführen. Zusätzlich ist es aus Zeitgründen vorteilhaft nur neue und geänderte, anstatt jedes Mal die gesamten Daten, zu laden.

5.1.2 Data Marts

Ein Data Mart ist eine kleinere Version eines DWH. Für die Analysen eines Data Marts werden nicht die gesamten Daten, die in einem DWH gespeichert sind, herangezogen sondern nur jene Daten aus einem oder mehreren Teilbereichen des Unternehmens, welche für die jeweilige Analyse relevant sind. Durch die Implementierung mehrerer solcher Data Marts wird die Datenbasis des DWH diversifiziert, wodurch eine Performance- und Sicherheitssteigerung erzielt werden kann. Heutzutage sind sogenannte abhängige Data Marts Usus, d.h. sie werden auf Basis eines fertigen DWH implementiert. Die umgekehrte Variante eines autonomen Data Marts ist heute nur noch sehr selten in Verwendung, da dies dem Integrationsgedanken des Data Warehousing zuwider handelt.

5.2 On-Line Analytical Processing (OLAP)

Die aus dem DWH, Data Marts oder operationalen Datenbeständen stammenden, multidimensional aufbereiteten Daten können mittels OLAP effizient analysiert werden. Die Daten werden hierarchisch strukturiert und fließen anschließend in Anomalie-, Trend- oder Ursache-Wirkungs-Analysen ein. Dies ermöglicht es Entscheidungsträgern des Unternehmens auf einfache und schnelle Art und Weise entscheidungsrelevante Informationen zu generieren. OLAP – Systeme werden durch einen dreidimensionalen Würfel dargestellt.

Je nachdem auf welche Art von Datenbank zugegriffen wird, werden verschiedene Varianten von OLAP – Systemen unterschieden. Wird auf eine relationale Datenbank zugegriffen, wird das System als ROLAP, bei multidimensionalen Datenbanken als MOLAP bezeichnet. MOLAP's weisen in der Regel eine bessere Performance auf. Im Gegenzug benötigen ROLAP's weniger Speicherplatz und können auch größere Datenmengen verarbeiten. Die Vorteile beider Systeme werden in HOLAP's vereint, wobei natürlich der Wartungsaufwand entsprechend höher ist.

5.2.1 Codd'sche Regeln

Edgar F. Codd, ein britischer Mathematiker und Datenbanktheoretiker, stellte 1986 zwölf Regeln auf, die als erste Anforderungsliste eines OLAP – Systems gelten. Durch ihre strenge Auslegung und stark anwendungsbezogene Ausrichtung werden sie heute jedoch nicht mehr sehr hoch eingestuft. Aufgrund ihrer hohen historischen Bedeutung werden sie allerdings kurz dargestellt (vgl. Codd 1990).

1. **Information Rule**: Alle Daten werden durch Werte in Tabellen dargestellt.
2. **Guaranteed Access Rule**: Alle Werte müssen über Tabellenname, Spaltenname und Wert des Primärschlüssels zugreifbar sein.
3. **Systematic Treatment of Null Values**: Fehlende Werte werden mit NULL dargestellt.
4. **Dynamic On-line Catalog Based on the Relational Model**: Ein Online-Datenkatalog beschreibt die in der Datenbank abgelegten Tabellen bezüglich ihrer Struktur und zugelassenen Inhaltsbelegungen.
5. **Comprehensive Data Sublanguage Rule**: Es muss mindestens eine Sprache existieren, die Datendefinition, -manipulation und -abfrage unterstützt.
6. **View Updating Rule**: Sofern theoretisch möglich, müssen Inhalte von Basistabellen auch über deren Sichten änderbar sein.
7. **High-level Insert, Update and Delete**: Innerhalb einer Operation können beliebig viele Tupel bearbeitet werden.
8. **Physical Data Independence**: Physische Ebene und konzeptuelles Datenbankschema sind unabhängig voneinander.
9. **Logical Data Independence**: Sicht einer Anwendung und das konzeptuelle Datenbankschema sind unabhängig voneinander.
10. **Integrity Independence**: Integritätsbedingungen müssen im Online-Datenkatalog gespeichert werden können.
11. **Distribution Independence**: Verteilte Datenbanken müssen ebenso logische und physische Datenunabhängigkeit gewährleisten
12. **Nonsubversion Rule**: Integritätsbedingungen dürfen nicht umgangen werden, auch nicht mittels niederer Programmiersprachen.

5.2.2 FASMI – Test

Der FASMI - Test steht für „Fast Analysis of Shared Multidimensional Information Test" und dient als Identifizierungswerkzeug für OLAP – Systeme. Demnach können sie nach Bestehung dieses Tests auch als solche bezeichnet werden. Da sich die FASMI – Regeln benutzerspezifischer als die Codd'schen Regeln anwenden lassen, können damit OLAP – Systeme besser klassifiziert werden. Im Folgenden werden die einzelnen Regeln näher erläutert.

- **FAST**: Bei OLAP – Systemen spielt das Merkmal Geschwindigkeit eine ganz wesentliche Rolle. Komplexe Abfragen dürfen nicht länger als 20, einfachere Abfragen nur wenige Sekunden dauern.
- **ANALYSIS**: Alle geschäftsrelevanten Anfragen müssen ohne erheblichen Programmieraufwand vom System durchführbar sein.
- **SHARED**: Geeignete Sicherheits- und Zugriffsrichtlinien müssen gegeben sein, um einen sicheren Mehrbenutzerbetrieb zu gewährleisten.
- **MULTIDIMENSIONAL**: Die Daten müssen mehrdimensional bereitgestellt werden.
- **INFORMATION**: Alle benötigten Daten für eine Analyse müssen transparent bereitgestellt werden und dürfen nicht durch etwaige Beschränkungen des OLAP – Systems beeinflusst werden.

5.2.3 Wichtige OLAP – Operationen

In diesem Punkt werden grundlegende OLAP – Operationen auf multidimensionale Datenstrukturen dargestellt.

- **ROLL UP**: Daten werden zu größeren Datenblöcken zusammengeführt.
- **DRILL DOWN**: Daten werden detailliert aufgeschlüsselt – komplementär zu Roll up.
- **DRILL ACROSS**: Wechsel von einem Würfel zu einem anderen.
- **SLICE**: Anzeigen einer Scheibe (Slice) des OLAP – Würfels.
- **DICE**: Anzeigen eines Teilwürfels des OLAP – Würfels.

5.3 Data Mining

Unter Data Mining werden komplexe und ungerichtete Analysen von Datenbeständen zur Entdeckung von Strukturen und Mustern durch Verfahren der Statistik, des maschinellen Lernens und der künstlichen Intelligenz verstanden (vgl. Chamoni 2010, S.153). Dies gilt vor allem für große Datenbestände, da diese nicht mehr manuell analysiert werden können.

5.3.1 Methoden des Data Mining

Im Folgenden Abschnitt werden ausgewählte, oft in der Literatur beschriebene Methoden näher erläutert.

Cluster

Beim Clustering werden ähnliche Datenelemente zu Gruppen zusammengefasst. Ziel dabei ist es, Elemente innerhalb einer Gruppe möglichst homogen zu halten. Im Gegenzug dazu sind Elemente unterschiedlicher Gruppen möglichst heterogen zu halten. Im Gegensatz zu den Klassen bei der Klassifizierung sind die Gruppen im Vorhinein nicht bekannt sondern ergeben sich automatisch aus den beinhalteten Datenelementen. Durch gut entwickelte

Clusterverfahren ist das Ermitteln von Clustern heutzutage relativ einfach, wohingegen die Deutung dieser Cluster sich oftmals als schwierig erweist.

Klassifikation

Bei Klassifikationsmodellen werden Datenelemente vordefinierten Klassen anhand verschiedener Eigenschaften zugeordnet. Durch die Zuordnung können klassenspezifische Charakteristika mit dem jeweiligen Element in Verbindung gebracht werden um so ein erwartetes Verhalten vorauszusagen. Datenelemente ohne Klassenzuordnung können durch diese Methode einer Klasse zugeteilt werden, indem seine Eigenschaften mit denen anderer Klassen verglichen werden.

Regression

Im Grundgedanken entsprechen die Motive der Regression jenen der Klassifikation. Differenziert zur Klassifikation, stehen bei der Regression allerdings stetige Elemente im Vordergrund, sodass von einzelnen Klassen nicht mehr ausgegangen werden kann. Stetige, abhängige Elemente werden hier durch mehrere unabhängige Elemente definiert.

Finden von Abhängigkeiten

Hier besteht die Aufgabe darin, zwischen Merkmalen einer Datenmenge oder ausgewählten Teilmengen Abhängigkeiten zu entdecken. Es werden zu Beginn keine Abhängigkeiten angenommen, diese müssen bei der Analyse erst gefunden werden. Jedoch werden anfangs nur Abhängigkeiten entsprechend eines Kriteriums ohne kausale Begründung entdeckt. Diese müssen danach noch einzeln geprüft werden.

5.3.2 Data Mining Verfahren

Nachfolgend werden ausgewählte Verfahren dargestellt.

Clusterverfahren

Wie bereits in Punkt 5.3.1 beschrieben, werden Clusterverfahren dazu verwendet, ähnliche Datenelemente zu gruppieren. Bei einfachen Verfahren werden Datenelemente als Punkte in ein Koordinatensystem eingetragen. Dadurch entstehen einige dichtbesiedelte Bereiche die als Cluster bezeichnet werden (Abb. 5).

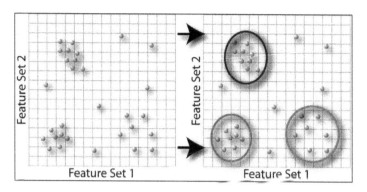

Abbildung 5: Clusterverfahren (vgl. Visual Data Mining)

Ein bekanntes mathematisches Clusterverfahren ist der K-Means. Bei diesem Verfahren werden die Datenelemente in eine festzulegende Anzahl an Cluster eingeteilt. Danach werden die Mittelpunkte der Cluster geschätzt und alle Elemente ihren nächstgelegenen Clustermittelpunkten zugeordnet. Dadurch entstehen neue Cluster, bei denen wiederum die Mittelwerte errechnet werden. Anschließend werden die Elemente wieder ihren nächstgelegenen Mittelpunkten zugeordnet. Dieser Vorgang wiederholt sich solange bis alle Elemente fix eingeteilt sind.

Entscheidungsbaumverfahren

Dieses Verfahren gehört zur Gruppe der Klassifikationsverfahren. Um ein Datenelement zu klassifizieren, wird beim Wurzelknoten des Baumes begonnen. Jeder Knoten stellt dabei eine Abfrage eines Attributs des Elements dar. Nun wird eine Entscheidung getroffen und der entsprechende Weg zum nächsten Knoten gewählt. Dieses Verfahren wird solange fortgesetzt, bis ein Blatt, d.h. ein Endknoten, erreicht wird. In der Abbildung 6 wird ein einfacher Entscheidungsbaum dargestellt.

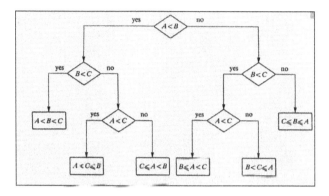

Abbildung 6: Entscheidungsbaum (vgl. Einführung in die Theoretische Informatik 3)

Neuronale Netze

Dieses Verfahren entspringt dem Gebiet der künstlichen Intelligenz und versucht die Arbeitsweise des menschlichen Gehirns nachzubilden. Ein neuronales Netz besteht aus Verarbeitungseinheiten namens Neuronen und ihren zugehörigen Verbindungseinheiten. Jedes Neuron besteht aus einer Eingabe-, Aktivierungs- und Ausgabefunktion. Über die Verbindungseinheiten werden einem Neuron gewichtete Eingabewerte von einem vorgelagerten Neuron übergeben. Die Eingabefunktion des Neurons wandelt den Eingabewert in einen Wert um, aus dem durch Anwenden der Aktivierungsfunktion ein Zustand des Neurons bestimmt wird. Dieser Zustand wird durch die Ausgabefunktion in einen Ausgabewert umgewandelt und wiederum über eine Verbindungseinheit weitergeleitet. Durch Verbindung der Neuronen mittels der Verbindungseinheiten entsteht so ein Netzwerk, welches sich in verschiedene Schichten einteilen lässt. Zu erwähnen sind die Eingabeschicht, die Eingabedaten aus Datenelemente erhält und die Ausgabeschicht, die nützliche Aussagen über den Datenbestand liefert. Anhand bestimmter Lernregeln kann die Gewichtung der Verbindungseinheiten auch geändert werden.

Regelbasierte Systeme

Regelbasierte Systeme sind Methoden zur Extraktion und Verifikation von Wenn-dann-Regeln. Sie bestehen aus einer Regelbasis (Menge der Regeln) und einem Regelinterpreter. Vorteile solcher Systeme sind die einfache Verständlichkeit für Benutzer, dass Expertenwissen sich im Normalfall in Regelform ausdrücken lässt und die Verbundenheit von Regeln zum menschlichen Denken. Für den Aufbau von Regeln gibt es folgende Bedingungen:

- „Oder" darf nicht in der Wenn - Bedingung der Regel vorkommen
- Dann – Teil sollte nur ein Literal enthalten

Leistet eine Regel diesen Bedingungen nicht Genüge, so muss sie mittels Äquivalenz umgeformt werden.

5.3.3 Vergleich Data Mining Verfahren

In diesem Abschnitt werden die soeben vorgestellten Verfahren hinsichtlich ausgewählter Kriterien miteinander verglichen.

Verfahren	Zeitfaktor	Datenmenge	Datenstruktur	Konfigurations -Möglichkeiten
Cluster	+	+	+	+/-
Entscheidungsbaum	++	++	+	++
Neuronale Netze	+/-	+	++	+/-
Regelbasierte Systeme	-	++	++	--

Tabelle 1: Vergleich von Data Mining Verfahren

Der Zeitfaktor bewertet die Dauer des Verfahrens, die Datenmenge die Größe der Informationsmenge, die Datenstruktur wie komplex die Datenstrukturen sein dürfen und die Konfigurationsmöglichkeiten inwieweit sich das Verfahren anpassen lässt.

5.4 Corporate Performance Management (CPM)

Corporate oder Business Performance Management hat das Ziel, die Unternehmensleistung zu planen, zu steuern und zu kontrollieren.

Die Historie hat gezeigt, dass ein frühzeitiges Erkennen von Problemen und das Einleiten von Gegenmaßnahmen oft nicht umgesetzt werden kann, da herkömmliche BI-Instrumente Informationen häufig zeitversetzt liefern. Erschwerend kommt hinzu, dass BI-Systeme oft in einzelnen Abteilungen isoliert sind und so Analyseergebnisse nur abteilungsintern zur Verfügung stehen. Diese Makel soll CPM ausmerzen. Kernelemente von CPM sind Budgetierung, Planung, Forecasting, Ergebnisrechnung, Kennzahlen-Systeme, Scorecards und Reporting.

5.4.1 Kernelement Kennzahlen

Sogenannte Key Performance Indicators (KPI) spielen bei CPM eine zentrale Rolle. Sie stellen die Leistung des Unternehmens oder einzelner Abteilungen quantitativ dar und sind die Grundlage für die Optimierung der Geschäftsprozesse. KPI's beschränken sich jedoch nicht nur auf finanzielle, sondern auch auf andere erfolgsentscheidende Kenngrößen, wie beispielsweise die Kundenzufriedenheit. Die grundlegende Definition der Kennzahlen ist dabei oft einer der wichtigsten Schritte, da sich manche KPI's in der Praxis als nutzlos

erweisen. Durch eine sorgfältige Auswahl im Vorhinein können solche Fehler erst gar nicht auftreten. Dazu ist es von Vorteil, für die Bestimmung der Kennzahlen Know-how-Träger des Unternehmens zu Rate zu ziehen.

5.4.2 Balanced Scorecard

Eine Balanced Scorecard (BSC) ist eine Methode des CPM die definierte KPI's nutzt. Sie wurde bereits in den neunziger Jahren entwickelt und gilt heute als wahrscheinlich wichtigste Methode von CPM. Das Hauptaugenmerk der BSC liegt nicht nur auf der Finanzperspektive, sondern auf der Gesamtheit der erfolgsrelevanten Perspektiven. Dies sind neben der Finanzperspektive, die Kundenperspektive, die Prozessperspektive sowie die Entwicklungsperspektive (Abb. 7).

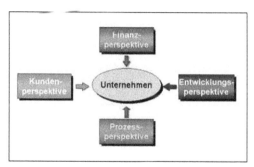

Abbildung 7: Balanced Scorecard (vgl. Jankowiak 2008)

In der Finanzperspektive wird nicht nur der Gewinn, sondern der gesamte Unternehmenswert betrachtet. Es kommen Kennzahlen wie Rentabilität, Wachstum, Finanzkraft und Ergebnis zum Tragen. Die Kundenperspektive behandelt sowohl Kunden- als auch Marktsegmente. Mögliche Kennzahlen sind hier Kundenzufriedenheit, Kundenrentabilität, Marktanteile und Imagefaktoren. In der Prozessperspektive werden interne Kernprozesse betrachtet. Es wird zwischen Innovations-, Betriebs-, und Kundendienstprozessen unterschieden. Kennzahlen aus diesem Bereich können beispielsweise Durchlaufzeiten oder Schwundanteil sein. In der Entwicklungsperspektive geht es vorrangig um die Mitarbeiter. Mitarbeiterzufriedenheit, Mitarbeiterproduktivität und Weiterbildungsaufwand sind Kennzahlen die hier zu nennen sind.

5.5 Weitere Systeme

Wie zu Beginn des Punktes 5 bereits erwähnt, gibt es außer den oben beschriebenen Systemen noch eine Vielzahl weiterer wie z.B. verschiedene Reporting Tools. Außerdem ist es seit geraumer Zeit für Firmen üblich, nicht nur einzelne BI-Bausteine, sondern auch

Gesamtlösungen, sogenannte BI-Suiten, anzubieten. Solche Systeme decken meist die komplette Bandbreite an Möglichkeiten ab, sind aber normalerweise für Großunternehmen konzipiert. In den letzten Jahren wurden aber auch einige Anbieter auf KMU's aufmerksam und haben spezielle Softwarelösungen für diese erstellt.

5.6 Vergleich ausgewählter BI – Anbieter

In diesem Abschnitt wird nun anhand ausgewählter Anforderungen ein Vergleich ausgewählter, im deutschsprachigen Raum vertretener Systeme speziell für KMU's durchgeführt.

Software	Benutzer-freundlichkeit	Infrastruktur	Modularität	Plattform-unabhängigkeit	Kosten	Funktionalitäten / Features
Kriterien						
SAP-BusinessObjects-Edge-Lösungen	++	++	+	++	+/-	• DWH • Prozess-Reporting • Ad-hoc-Abfrage und Analyse • Dashboards • Integration in MS Office • Mobile
IBM Cognos Express	++	++	+	++	-	• Express Reporter: für die Erstellung von Reports • Express Advisor: für die Erstellung von Analysen • Express Xcelerator: für die Steuerung der Geschäftsprozesse
Microsoft BI Suite	++	++	++	++	-	• DWH • OLAP • Data Mining • Dashboards • BSC • Ad-hoc-Analysis

Arcplan Enterprise	++	++	++	++	+	• Arcplan Edge: für CPM • Arcplan Excel Analytics • Arcplan Engage: für Web 2.0 Anwendungen • Arcplan Mobile
Jaspersoft Business Intelligence Suite Enterprise Edition	++	++	++	+	++	• DWH • OLAP • Reports • Dashboards • OpenSource Funktionalitäten
Sage New Classic - IBI	++	++	+	++	+	• Über 100 Berichtsvorlagen • Kostenlose Schulung • Individuelle Analysen
SAS Business Intelligence	++	++	+	++	+/-	• MS Office Integration • Berichte und Analysen • Keine benutzerbasierte Lizenzierung

Tabelle 2: Vergleich ausgewählter BI-Anbieter

Die Erkenntnisse aus der Tabelle 2 zeigen, dass keine eindeutige Bewertung hinsichtlich welches System das beste ist, erfolgen kann. Dieser Vergleich ist sehr allgemein gehalten und muss natürlich für jedes KMU, bezüglich ihrer eigenen Anforderungen, angepasst werden. Dadurch kann es passieren, dass komplett andere Ergebnisse aus der Tabelle resultieren. Deshalb kann behauptet werden, dass es keine einheitliche Empfehlung für KMU's gibt. Jedes Unternehmen muss den Vergleich anhand eines eigenen Anforderungskataloges durchführen und danach entscheiden.

6 Fazit und Zukunftsvision

Ausgehend von einer immer größer werdenden Bedeutung von analytischen Informationssystemen und Business Intelligence wurden zu Beginn dieser Arbeit die wichtigsten Begriffe rund um dieses Thema definiert. Anschließend wurde vorgestellt, warum und in welchen Phasen eine BI-Strategie in einem Unternehmen entwickelt werden kann. Zum Abschluss des ersten Teiles dieser Arbeit wurde dann erläutert warum eine eigenständige Organisationseinheit, die BI-Organisation, zur erfolgreichen Einführung eines AIS hilfreich sein kann und welche Aufgaben diese verfolgt.

Im zweiten Teil wurden die wichtigsten Werkzeuge, in Bezug auf das Thema dieser Arbeit, vorgestellt. Von Data Warehouses über OLAP und Data Mining- bis zu CPM – Systemen wurden alle Technologien durchleuchtet und näher erläutert. Abschließend wurde ein Vergleich bedeutender, für KMU's auf dem Markt befindlicher Systeme anhand ausgewählter Kriterien durchgeführt und eine Empfehlung für KMU's abgegeben.

Trotz Wirtschaftskrise stieg der Umsatz von BI-Software im Jahr 2011 um ca. acht Prozent. Dessen ungeachtet halten sich in den meisten Unternehmen die wirtschaftlichen und finanziellen Unsicherheiten noch immer stark in den Gedanken der Entscheidungsträger. Deswegen wird nicht nur herkömmliche BI-Software in nächster Zeit ein großes Thema für KMU's sein, sondern auch neue Strategien und Wege. Unternehmen legen ihre Aufmerksamkeit neuerdings auf die Modernisierung ihrer Systeme und zielen auf eine Steigerung der Innovation ab.
Ein zusätzliches Hauptaugenmerk liegt auf neuen Modellen wie SaaS (Software as a Service) und Cloud Computing. Außerdem ist abzuwarten, ob und wie sich die Lage durch das Aufkommen „neuer" IT-Länder wie China, Indien oder Brasilien verändern wird. Ferner ist eine weitere Zukunftsherausforderung eine äquivalent funktionierende Software auf mobilen Endgeräten. Ein weiterer Zukunftstrend ist die Umrüstung auf Open Source-Software, da die Wartung und Aktualisierung alter Systeme immer teurer wird. Zu guter Letzt stellt die Einbindung von dem heutzutage in aller Munde stehenden Begriff „Social Media" eine weitere Herausforderung für zukünftige BI-Aktivitäten dar.

Literaturverzeichnis

[1]   Abts, D., Mülder, W., *Grundkurs Wirtschaftsinformatik*, 6. Ausg., Vieweg+Teubner Wiesbaden, 2009

[2]   Becker, 2011, *Business Intelligence* [online] Verfügbar unter: http://www.prof-becker.de/de/kategorie/kompetenzen/business-intelligence/ [Zugriff am: 15.07.2011]

[3]   Bodendorf, F.,2008. *Entwicklung von Semantic Web Anwendungen - Komponenten und Entwicklungsschritte* [online] Verfügbar unter: http://winfwiki.wifom.de/index.php/Entwicklung_von_Semantic_Web_Anwendungen_-_Komponenten_und_Entwicklungsschritte#cite_note-9 [Zugriff am: 07.07.2011]

[4]   Chamoni, P., Gluchowski, P., Analytische Informationssysteme – Business Intelligence-Technologien und –Anwendungen, 4. Ausg., Springer-Verlag Berlin Heidelberg New York, 2010

[5]   Codd, E. F., *A Relational Model of Data for Large Shared Data Banks*, Addison-Wesley Longman Publishing Co., Inc. Boston, 2. Ausg., 1990

[6]   Einführung in die Theoretische Informatik 3 [online] Verfügbar unter: http://www.google.at/imgres?q=entscheidungsbaum&um=1&hl=de&sa=N&tbm=isch&tbnid=TdE7dmIYf4pqNM:&imgrefurl=http://www8.informatik.uni-erlangen.de/IMMD8/Lectures/THINF3/Tagebuch04/index.html&docid=NB2I7A8cx1J1vM&w=1602&h=1024&ei=MQk4TqPYFYTNswbBwa0g&zoom=1&iact=hc&vpx=326&vpy=455&dur=4640&hovh=179&hovw=281&tx=129&ty=91&page=3&tbnh=103&tbnw=161&start=49&ndsp=23&ved=1t:429,r:7,s:49&biw=1280&bih=765 [Zugriff am: 30.07.2011]

[7]   Heinrich, L. J., *Grundlagen der Wirtschaftsinformatik*, in: Rechenberger, P., Pomberger, G., *Informatik-Handbuch*, 3. Ausg., München/Wien 2002

[8]   Herta, C., 2009, *Einführung in Informationssysteme* [online] Verfügbar unter: http://www.christianherta.de/lehre/informationssysteme/introInformationsystems.pdf [Zugriff am: 09.07.2011]

[9]   Inmon, W.H.: *Building the Data Warehouse.* 2nd Edition, Wiley Computer Publishing, New York u.a. 1996

[10]   Jankowiak, S., 2008, *Balanced Scorecard* [online] Verfügbar unter: http://www.controllingportal.de/Fachinfo/BSC/Balanced-Scorecard.html [Zugriff am: 30.07.2011]

[11]   Meyer, D., 2011, *Data Warehousing* [online] Verfügbar unter: https://cis.technikum-
wien.at/moodle/file.php/1584/Dokumente_Modul_1/DWH_-_1_2auf1.pdf [Zugriff am:
20.07.2011]

[12]   Visual *Data Mining* [online] Verfügbar unter:
http://userwww.sfsu.edu/~art511_h/acmaster/Project1/project1.html [Zugriff am:
30.07.2011]

Abbildungsverzeichnis

Tabellenverzeichnis

Abkürzungsverzeichnis

AIS	Analytische Informationssysteme
BI	Business Intelligence
BSC	Balance Scorecard
CPM	Corporate Performance Management
DWH	Data Warehouse
FASMI	Fast Analysis of Shared Multidimensional Information
KPI	Key Performance Indicator
KMU	Kleine und mittlere Unternehmen
OLAP	On-Line Analytical Processing